Couvertures supérieure et inférieure
manquantes

MÉMOIRE

sur

CASTELSARRASIN.

MONTAUBAN. — IMP. FORESTIÉ NEVEU.

MÉMOIRE

SUR

CASTELSARRASIN,

PAR

LOUIS TAUPIAC,

De la Société Française d'Archéologie,
de la Société des Sciences et Belles-Lettres de Tarn-et-Garonne,
de la Société archéologique du même département, etc.

MONTAUBAN,

IMPRIMERIE FORESTIÉ NEVEU, RUE DU VIEUX-PALAIS, N° 23.

—

1867.

MÉMOIRE SUR CASTELSARRASIN,

CASTELSARRASIN (Castrum Sarracenum) (1).

Rien n'est plus obscur en histoire que l'origine de quelques-
unes de nos villes. Les agglomérations urbaines, remontant à
l'ère gallo-romaine ou seulement aux premiers temps de notre
monarchie, n'offrent en général à l'annaliste, dans leur développe-
ment naissant, que des jalons d'une fixité et d'une certitude si
contestables, qu'on a peine à les distinguer, si l'on n'est porté
même plus d'une fois à douter de leur existence. De quelle
valeur, en effet, sont pour l'histoire ces conjectures et ces fables
accréditées par des chroniqueurs naïfs, dont la foi robuste em-
brasse jusqu'aux plus grossiers mensonges? Quel fondement
établir sur tant de chartes et de documents, mal lus, mal
copiés, mal traduits et souvent inventés et falsifiés au gré de
l'intérêt ou de la fantaisie de vieux conteurs, à l'imagination
exaltée et poétique? Passe encore pour ces peintures imagées

(1) *Castrum Sarracenum* ou *Sarracenorum*. Voir sur l'étymologie de Castelsarrasin
le travail de M. l'abbé Carrière, publié dans la 2e livraison, 5e série, tome VIII des
Mémoires de la Société archéologique du Midi de la France. — Toulouse, Léopold
Cluzon, libraire. — 1862.

où, sous l'enthousiasme, quelque vérité se retrouve. Mais que penser de ces compilations ternes et froides, qui sont comme d'épais brouillards devant une faible lumière et qui n'ont pour mobile que les sentiments qui inspirent les Bertrandi, les Noguier, les Bardin? Au milieu de ces ténèbres et de ces incertitudes, l'érudit consciencieux craint de trop affirmer, car rien n'indique sa route à l'explorateur intrépide qui s'aventure vers ces horizons lointains. Alors, dans ces chemins perdus où il est si facile de s'égarer, on accepte avec empressement et sans scrupule le plus faible appui, le secours le plus inespéré. J'ai besoin de l'exemple de ces associations fortuites du savant explorateur et du guide obscur, pour oser me permettre d'intervenir dans une question d'érudition. Sans me dissimuler ma présomption, je suis cependant encore invité à m'expliquer par la confiance que m'inspirent mes lecteurs, par la sincérité de mes convictions et par la considération même qui est due à mes contradicteurs.

Il existait, dit-on, dans l'ancien cartulaire de Moissac, une charte du IXe siècle, mise au jour par le chroniqueur de cette abbaye, reproduite sans commentaire par les auteurs du *Gallia christiana* et qui, interprétée par les savants auteurs de l'*Histoire du Languedoc*, a, depuis la publication de leurs recherches, la prétention de donner la véritable étymologie de Castelsarrasin. Cet acte est le titre par lequel un seigneur du nom d'Astanove aurait donné, en 847, la 7e année du règne de Lothaire, à l'abbaye de Moissac le château *Cerrucium*, situé sur la Garonne, dans le pays toulousain, dans la viguerie garonnaise, lui provenant d'un don du roi Pépin, en même temps qu'un monastère nouvellement construit sur ces lieux, monastère que le donateur baptise du nom de Bonneval et qu'il dédie à saint Pierre, saint Paul et saint Avit (1).

(1) « Ut pius Redemptor me à meis absolvat vinculis delictorum, cedo ego Astanovus
« venerabili viro Vuitardo abbati et monachis ex loco Moissiacensi sub norma et ordine

« Cet acte, dit dom Vaissette, le plus ancien monument que nous connaissions qui fasse mention de Castelsarrasin, nous donne la véritable étymologie du nom de cette ville, et fait voir que c'est mal à propos qu'on le fait dériver des Sarrasins, à qui on en attribue la fondation ; elle est aujourd'hui la principale de la partie du diocèse de Montauban qui dépend du Languedoc ; il y a encore un prieuré soumis à l'abbaye de Moissac. »

Avant dom Vaissette, personne, pas même celui à qui nous devons la transmission de ce titre, Aimery de Peyrac, l'auteur complaisant de la chronique de Moissac, le narrateur fastueux des droits et des richesses de cette abbaye, n'avait pensé à faire l'application de la charte de 847 à la ville de Castelsarrasin. Jusqu'alors, chacun avait été libre de chercher dans les vastes possessions du puissant monastère, la situation de *Cerrucium* et de Bonneval.

Catel, qui avait vécu à Castelsarrasin, parle de diverses étymologies adoptées de son temps dans cette ville. Quelques habitants avaient la prétention, certes fort avouable, de faire dériver son nom de *Castrum Cæsaris*, ce qui indiquerait une origine romaine. D'autres croyaient qu'elle s'était appelée anciennement Villelongue (1).

« vitæ regularis sancti Benedicti degentibus, castrum quod Cerrucium vocatur, et est
« situm in pago Tolosano, super fluvium Garonæ, in vicaria Garonense quæ sub diurnali
« ejus plaga australi, ubi ipsum monasterium constructum donamus : cui nomen
« imponimus Bonæ vallis et in honorem Dei et sanctorum Petri et Pauli et sancti Aviti,
« ubi ipse abbas cum suis Deo famulari videtur, ut pro meis delictis apud ipsum Dominum
« intercessores existant. Idcirco ego ipsum castellum Cerrucium quod mihi obvenit ex
« munificentia domini regis Pipini.» (*Hist. de Lang.*, tom. II, pag. 64, ann. par Du Mège.)

(1) M. Devals, archiviste du département de Tarn-et-Garonne, paraît croire aussi que Castelsarrasin a été connu autrefois sous ce nom de Villelongue. Mais cet érudit, dont nous aimons à suivre ordinairement les savantes indications, se trompe en disant que l'acte par lui cité à l'appui de son opinion est décisif dans la question. Le mot *Vilalonga*, dans sa citation, s'applique évidemment au pays de ce nom et non à la ville de Castelsarrasin, qui n'était qu'une des quatre villes se disputant l'honneur d'être le principal siège de cette judicature. Les autres villes étaient, Villemur, Montech et Lavaur.

On dit encore Castel-sur-Azin. L'Azin serait un petit ruisseau coulant sous les murs

Toutefois, dit cet historien, « on ne m'a jamais montré cela par acte. » D'autres étymologies ont été encore hasardées. Mais l'opinion de dom Vaissette a prévalu dans l'esprit de plusieurs érudits modernes, et c'est celle que nous croyons utile de discuter.

Parmi les partisans de cette étymologie qui fait dériver Castelsarrasin de *Castrum Cerrucium* vient de se révéler M. l'abbé Carrière, l'honorable secrétaire de la Société archéologique du Midi de la France (1). Sa publication ne se borne pas à reproduire sur ce point ce qu'avait dit dom Vaissette ; elle relate quelques faits intéressant à divers degrés cette ville, et contient la description sommaire de quelques-uns de ses vieux monuments. Quoique notre intention soit principalement de discuter, au point de vue de la critique historique, la question d'étymologie, nous serons entraîné par bien des motifs à parler des diverses parties de la monographie sur Castelsarrasin. Nous en parlerons avec tous les ménagements que mérite son auteur. Qu'on pardonne en tout cas à notre sincérité ce que nos réponses pourraient renfermer de trop personnel et de trop incisif : *Amicus..... sed magis amica.*

Avant tout, il est bon de constater que dom Vaissette, en interprétant l'acte de 847, c'est-à-dire la donation faite par Astanove, voit aussi clairement Bonneval dans le prieuré de Saint-Sauveur que *Castrum Cerrucium* dans Castelsarrasin. Il est même à remarquer que, dans son esprit, la conviction qu'il fallait retrouver le château donné par Astanove dans la localité par lui indiquée, a pris son principal élément dans cette circonstance, que l'abbaye de Moissac possédait encore de son temps un établissement monastique dans la ville de Castelsarrasin. « Il y a encore, dit-il, un prieuré soumis à Moissac. » Nous tenons à constater cette manière de discuter par induction dont use le

de cette ville. Cette étymologie ne se soutient pas, et l'amour-propre des habitants la dément. Peut-on consentir à être Castel-sur-Azin, quand on pourrait s'appeler Castel-sur-Garonne ?

(1) Voir sa publication précitée. — Toulouse, Léopold Cluzon, libraire, — 1862.

savant bénédictin, parce que nous nous permettrons peut-être, dans l'exposé de nos preuves, de confondre aussi plus d'une fois ce qui a trait au château avec ce qui a trait au monastère. Or, si, dans l'esprit de nos contradicteurs, Castelsarrasin est *Castrum Cerrucium*, parce que le prieuré de Saint-Sauveur de cette ville est Bonneval, nous devrons être admis à dire à notre tour : Si Saint-Sauveur n'est pas Bonneval, Castelsarrasin n'est pas *Cerrucium*. Tel est le motif de cette première observation (1).

Examinons maintenant s'il est probable que Castelsarrasin soit *Castrum Cerrucium*, et si le nom de cette ville dérive de celui de ce château.

L'opinion de dom Vaissette est contredite par les traditions locales et par les nombreux actes, chartes et diplômes renfermés dans les archives de Castelsarrasin. Près de deux cents titres, presque vermoulus, établissent invariablement son nom actuel, qui n'est que la traduction des mots *Castrum Sarracenum* ou *Sarracenorum*. Ainsi, de siècle en siècle, par des lettres-patentes de nos rois, par les concessions des seigneurs voisins, par les coutumes locales, les règlements et délibérations de la communauté, les mentions et énonciations d'actes divers, nous pourrons remonter jusqu'à une époque presque contemporaine du titre auquel on fait allusion.

Il existe un acte de 961 qui prouve qu'à cette date l'église de Castelsarrasin était connue sous le vocable de Saint-Sauveur : c'est la donation de cette église faite par Raimond Ier, comte de Rouergue et de Quercy, en faveur de l'abbaye de Moissac. Le testament de ce Seigneur s'exprime ainsi : « *Illo alode de sancti Martini de Bellocasso, illa ecclesia teneat Bosomeus dummodo vivit : post suum discessum sancti Petri Mussiaco remaneat. Illo alode de sancti Salvatoris cum ipsa ecclesia sancti Petri Mussiaco remaneat, et teneat ipsa ecclesia Jeremias presbyter dummodo*

____

(1) Il est bien entendu que tout ce que nous disons ne saurait altérer en rien notre profonde et respectueuse estime pour les bénédictins de Saint-Maur.

vivit (1). » Il y a plusieurs remarques à faire sur cet acte. D'abord, la circonstance que la donation de l'église de Saint-Sauveur est précédée de la disposition concernant Saint-Martin-de-Belcasse, ne laisse pas le moindre doute sur l'identité de ces établissements : Saint-Martin-de-Belcasse se trouve encore aujourd'hui dans la paroisse de Saint-Sauveur de Castelsarrasin. Ensuite, on conçoit que si Saint-Sauveur eût été Bonneval, le comte de Rouergue et de Quercy n'aurait pas eu à le donner à Moissac, puisque déjà cette abbaye l'aurait reçu en don d'Astanove en 847. Saint-Sauveur était donc le vocable de l'église de Castelsarrasin au Xe siècle, et c'est alors seulement que cette église fut soumise à l'abbaye de Moissac.

Au XIIe siècle, nous retrouvons la bulle du pape Alexandre III, citée par la plupart des érudits qui ont recherché nos antiquités. Cette bulle, qui est de 1162, est surtout remarquable pour nous, en ce que les mentions qu'elle renferme peuvent se rapporter à une époque bien antérieure, et remonter jusqu'au siècle précédent. Que porte en effet cette bulle ? « *Alexander... dilectis filiis Bernardo Tolosano ecclesia sancti Stephani præposito, ejusque fratribus... ea omnia in perpetuum habeatis..... quæ in præsentiarum pro communi victus sustentatione per donum Isarni, quondam Tolosanensis episcopi, juste possidere videmini,... ecclesiam Castelli-Sarraceni.....* » On voit par ce texte que les biens attribués par le pape sont les mêmes que ceux qu'avait déjà donnés Izarn. Or, Izarn était évêque de 1070 à 1105. On peut ainsi conjecturer que, dans le XIe siècle, le lieu qui nous occupe était déjà connu sous le nom de *Castrum* ou *Castellum Sarracenum* (2).

On trouve encore dans le XIIe siècle la même appellation attribuée à Castelsarrasin dans plusieurs actes importants : 1° La lettre de 1162, par laquelle Raymond V raconte au roi de

____

(1) *Histoire de Languedoc*, annotée par Du Mège, tom. III, pag. 139, col. 2

(2) *Histoire de Languedoc* annotée, t. IV, p. 500. Depuis cette époque, les évêques continuèrent de partager la dîme avec l'abbaye de Moissac.

France, Louis VII, ce qui a eu lieu à Castelsarrasin, relativement au projet de trève concerté entre ce comte et Henri II d'Angleterre (1); 2° Un acte de 1166, extrait du cartulaire de l'abbaye de Belleperche : l'un des témoins de l'acte est Grimoard de Castelsarrasin *(Grimoardus de Castello Sarraceno)* (2); 3° En 1174, Géraud, abbé de Clairvaux, négocie un accord entre les abbés de Grandselve et de Belleperche, dans lequel il est question de *Castrum Sarracenum* (3); 4° enfin, en 1189, le prieur de Castelsarrasin, *prior Castri Sarraceni*, assiste le commandeur des Templiers de Lavilledieu dans une sentence intéressant l'abbaye de Belleperche (4).

Dans le XIII° siècle, ces mentions deviennent très-fréquentes. Nous nous contenterons de citer l'hommage rendu, en 1218, par Amaury de Montfort à l'abbaye de Moissac, en présence de Giscard, prieur de Castelsarrasin : *Giscardo, prior Castri Sarraceni* (5), et la donation par laquelle les habitants de Castelsarrasin (1230) concèdent au comte de Toulouse leur légitime seigneur, le droit d'élire et de destituer leurs consuls : *Carta donationis quam fecerunt consules et universitas oppidi Castri Sarraceni domino comiti, etc.* (6).

Nous bornerons là nos citations, en ajoutant que, postérieurement à cette dernière époque, aucun titre ne fait allusion au nom différent qu'aurait porté ce *Castrum*, soit depuis, soit avant les actes par nous invoqués.

Nous avons dit que l'opinion de dom Vaissette était contestée par les traditions locales : quelques érudits font peu de cas de ces croyances, qu'ils qualifient indifféremment d'erreur popu-

<hr>

(1) *Histoire de Languedoc*, t. IV, p. 190 et 135 des additions.
(2) *Fonds Doat*, p. 345. Vol. sur Belleperche (Bibl. imp.).
(3) *Fonds Doat*, cartulaire de Grandselve (Bibl. imp.).
(4) *Fonds Doat*, vol. sur Belleperche (Bibl. imp.).
(5) *Fonds Doat*, volume sur Moissac.
(6) *Fonds Doat*, volume sur Castelsarrasin.

laire. Toute l'histoire est cependant sous l'influence de ces traditions ; il est toujours bon de les consulter et l'on peut quelquefois ne pas les confondre toutes dans le même discrédit.

Ainsi, n'est-ce pas traiter trop dédaigneusement la religion du souvenir, que d'exiger que Castelsarrasin regratte ses armoiries, renonce à ses fastes et jusqu'à son nom, si original, si expressif, peut-être si glorieux, pour obéir à je ne sais quelle étymologie patronée sans doute par de profonds érudits, mais par eux encore inexpliquée (1). Le cartulaire de Moissac, entièrement muet sur la situation de *Castrum Cerrucium* (2), peint sous les couleurs les plus sombres la dévastation commise sur divers points du pays par les Sarrasins : les rives de la Garonne et du Tarn furent par ces barbares, à plusieurs reprises et particulièrement dans le cours du VIIIe siècle, parcourues dans tous les sens et ravagées. Leurs diverses invasions se signalèrent par le sac et le pillage de la riche abbaye, le meurtre de ses abbés et de ses moines, l'enlèvement de ses trésors et la destruction totale de ses bâtiments : *et fuit nunc pejor gemitus quam in tempore Diocletiani*, dit Aimery de Peyrac (3). Cependant, pour exercer ces ravages et pour dominer les plaines du Tarn et de la Garonne, dans cette enceinte fertile, aucun poste, aucun retranchement n'étaient mieux disposés que Castelsarrasin. Cette place, devenue célèbre dans nos luttes du Moyen-Age, était indiquée à ces barbares par l'instinct et les précédents de la conquête. C'est sur le prolongement de l'éminence où se trouve Castelsarrasin que les Vandales avaient campé en 408 (4), et c'est à une aussi faible

(1) Napoléon Ier rendit hommage aux traditions locales, lorsque, en maintenant à la ville de Castelsarrasin ses anciennes armoiries, qui étaient : d'azur au château donjonné de trois tours crénelées d'or, au comble de gueules chargé d'une croix clechée, vidée et pommelée d'or (qui était la croix des comtes de Toulouse), il surmonta le château d'une tête de maure tortillée d'argent. — Décret du 17 mai 1809.

(2) M. Carrière dit que *cerrucium* peut venir de *ceretrum* (hêtre) ; mais c'est le saule et le peuplier, non le hêtre, qui viennent là naturellement.

(3) Ai. de Peyrac, ch. de m. f° 163, v°.

(4) Gandalou, l'antique *Castrum Wandalorum*.

distance, sur la même élévation, mais dans une direction opposée, que nos historiens fixent vers 438 une sanglante rencontre entre les Romains et les Visigoths (1).

Pourquoi serait-il plus improbable que les Sarrasins de Zama ou d'Abdérame se fussent retranchés dans cette forte position? Leur trace n'est-elle pas suffisamment indiquée, au contraire, par l'écho qui prolonge jusqu'à nos jours avec leur nom la terreur qu'ils inspirèrent?

Ces considérations ont quelque valeur, sans doute; mais elles sont loin d'être isolées.

Les étymologistes qui de *Castrum Cerrucium* ont fait Castelsarrasin, n'ignorent pas certainement que les ordres militaires et religieux de Saint-Jean-de-Jérusalem et du Temple, créés dans le but et avec la mission de combattre les ennemis de notre foi, généralement désignés dans le Moyen-Age sous le nom de Sarrasins, ont simultanément occupé la plaine de Castelsarrasin et qu'ils y ont exercé la plus grande influence jusqu'aux époques de leur extinction successive. Peut-être ces érudits n'ont-ils pas apprécié toute l'importance de ce double établissement au point de vue de l'étymologie de Castelsarrasin. N'est-il pas vraisemblable que ce sont les traditions laissées dans le pays par les Sarrasins, les préoccupations peut-être d'une nouvelle invasion, qui ont attiré et retenu ici ces moines chevaliers,

---

(1) La plaine d'Escatalens, à une lieue sud-est de Castelsarrasin, où l'on retrouve encore des débris d'armes, des ossements entassés et d'anciennes substructions, et où coule le Sanguineng, ainsi nommé des flots de sang qui l'ont rougi en un jour de bataille, rappelant cette strophe du poète :

« Bien différent est le tableau qu'offre aujourd'hui Trasimène : son lac est une nappe
« d'argent; sa plaine n'est sillonnée que par la charrue pacifique; ses arbres séculaires
« s'élèvent épais comme autrefois les cadavres entassés où sont maintenant leurs
« racines. Mais un ruisseau à l'onde faible, au lit étroit, a emprunté son nom à la pluie
« de sang de cette fatale journée, et le Sanguinetto nous indique l'endroit où le sang des
« Romains abreuva la terre et teignit les eaux indignées. » — Lord Byron, *Childe Harold,* ch. IV, strophe LXV.

les plus redoutables adversaires de l'islamisme. Même, et cela serait encore suffisant pour expliquer cette étymologie, ce nom de Sarrasin, qui remplissait alors le monde et qui était dans toutes les bouches, ne fut peut-être alors que l'éveil d'un souvenir, une allusion, une bravade ou une fantaisie de la part de ceux qui apportaient à ces vieux remparts le secours de leurs cuirasses, de leurs richesses et de leur influence (1).

Ce nom de Castelsarrasin est porté par plusieurs villes en Espagne, en Italie, en France. Dans ces divers lieux, généralement l'origine de ce nom est attribuée aux mêmes causes, c'est-à-dire que les noms maures ou arabes, pour désigner des châteaux ou des villes, deviennent communs seulement dans les pays successivement envahis par les Sarrasins. C'est ainsi qu'à Puyssalu en Quercy, un lieu fut désigné pendant plusieurs siècles sous ce nom de *Castrum Sarraceûm* ou *Sarracenorum,* et, d'après Cathala-Couture, le savant historien de cette province, c'était aussi une tradition de l'invasion sarrasine (2). A La Réole, la fondation du château des Quatre-Sœurs était également attribuée aux Sarrasins. A Eysses (Villeneuve-d'Agen), on voyait jusques dans les temps modernes la tour sarrasine. Il existe, dans les environs de la ville dont nous recherchons l'origine, des noms comme Mauroux, Castelmoron, Maurens, et aux portes mêmes de Castelsarrasin, parmi les lieux limitrophes, on trouve Castelmayran *(Castrum Maurianum),* Gargan ou Argant Villars *(Argantis Villaris),* Castelferrus *(Castrum ferrucium),* tous plus ou moins empreints des souvenirs que nous rappelons (3).

(1) Les templiers, qui avaient maison à Castelsarrasin, s'établirent à Lavilledieu en 1131. Vers la même époque, les hospitaliers de Saint-Jean s'étaient fixés à Castelsarrasin même, où ils possédaient encore, en 1789, une partie de la ville.

(2) *Histoire du Quercy,* Cathala-Couture, t. I, p. 73. « Des chemins, dit cet historien, portent aussi le nom de Sarrasis, et à Cahors on voit la porte d'*el Moro.*— A. Delpon, *Statistique du Lot,* t. II.

(3) Ferrucius ne rappelle-t-il pas cette baie célèbre de Ferruch, Sidi-Ferrouch, par où les Français firent leur premier débarquement en Afrique, juin 1830.

Enfin, s'il est permis d'invoquer ici, en même temps que les traditions, les plus simples éléments de la philologie, si puissante dans les recherches des vérités lointaines de l'histoire, arrêtons-nous un instant sur ce langage populaire qui est comme l'enveloppe ou l'empreinte de nos croyances. J'interroge ces vieux et respectables restes de la langue romane, la seule qui, par son expression, sa forme et son génie, puisse avoir une valeur dans la question. Si je rencontre un habitant de nos campagnes venant de Castelsarrasin ou bien se rendant dans cette ville, et si je demande à ce paysan d'où il vient ou bien où il va, il me dira : *Veni des Sarrasis* ou *vaou as Sarrasis*. Est-ce par laconisme qu'il s'exprime ainsi ? Evidemment non ; car, pour abréger, en supprimant ou sous-entendant le mot Castel, il dirait : *veni de Sarrasi,* ou *vaou à Sarrasi*. L'article employé par lui dans sa langue, en quelque sorte contemporaine de l'invasion sarrasine, a une signification plus explicite : il veut dire une agglomération d'hommes, le lieu, le camp, le château occupé, personnifié par les Sarrasins. Que l'on essaie de traduire dans d'autres langues ce langage expressif, que l'on dise en latin : *Ad Sarracenos,* en français les Sarrasins, et l'on verra s'il est facile d'en extraire ces mots sans définition de *Castrum Cerrucium. Castrum Sarracenorum* n'en découle-t-il pas, au contraire, tout naturellement ?

Si maintenant de ces preuves, de ces probabilités et de ces considérations si diverses, nous formons un faisceau, pourra-t-on le dédaigner et prétendre que Castelsarrasin n'a rien de commun avec l'origine célèbre qu'on lui prête ; que cette ville est d'origine monacale, n'ayant jamais été gouvernée que par les bons religieux de Bonneval, et que son château, très-pacifique et très-secondaire, est sans souvenir et sans passé.

Appuyée sur ce que nous venons de dire, notre opinion n'a pu être ébranlée par l'acte de 847, et nous croirons encore que la place importante connue sous le nom de *Castrum Sarracenum,* considérée dans le Moyen-Age comme la forteresse la plus sûre et la clef de la province, n'a jamais été abandonnée par ses maîtres les rois de France ou les comtes de Toulouse à d'humbles religieux. Son individualité fut toujours caractérisée dans un château redoutable, une forteresse presque imprenable, *numquam pollu,ta !* Elle se défendit si bien au XIII° siècle, qu'elle ne se rendit à Simon de Montfort, par composition, qu'après que les affaires du comte de Toulouse furent complètement perdues, se croyant même obligée plus tard, dans un soulèvement patriotique, de noyer ses regrets vindicatifs dans le sang des soldats français et bretons qui y tenaient garnison (1). Dans le XVI° siècle, elle ne tomba jamais au pouvoir des religionaires, maîtres du pays et s'essayant vainement à plusieurs reprises contre ses murailles encore solides. « La ville de Castelsarrasin, disaient les Etats du Languedoc, est située dans le diocèse de Montauban, à une lieue du confluent du Tarn et de la Garonne. Elle occupe un coteau qui domine sur une plaine vaste et fertile. Dans les premiers âges de notre monarchie, elle passait pour une place forte. Son château, dont l'origine se perd dans l'obscurité des temps, était regardé comme le plus fort de la sénéchaussée de Toulouse. Il serait peut-être difficile de décider si c'est à raison de la force de ce lieu que l'on a jugé devoir joindre beaucoup de dépendances, ou si c'est à cause de l'étendue de ses possessions limitrophes qu'on a cru devoir, par une forteresse importante, assurer leur conservation. Son château fut démoli vers la fin du XV° siècle (2). »

Nous avons essayé de justifier la légitimité du nom que porte Castelsarrasin. Mais, dira-t-on, pouvez-vous faire admettre par des savants, par des érudits de profession, par des étymologistes sérieux, une étymologie aussi simple et aussi naturelle que

(1) Les habitants de Castelsarrasin obtinrent des lettres d'abolition en 1368 pour les excès dont ils s'étaient rendus les auteurs contre les soldats bretons d'Olivier de Mauny, moyennant 100 livres d'or.— *Fonds Doat*, vol. sur Castelsarrasin, p. 510.

(2) *Lois municipales de la province de Languedoc*, t. I, p. 220 ; Montpellier, 1788.

celle que vous prêtez à Castelsarrasin , faire dériver ce nom de l'occupation ou de l'influence sarrasine? Cela est sinon impossible tout au moins beaucoup trop vraisemblable. D'ailleurs, expliquez cet acte de 847, ce *Castrum Cerrucium* que dom Vaissette, notre grande autorité, bâtit au milieu de vous, et ce Bonneval, ce *monasterium Bonæ Vallis*, dont on regrette si amèrement de ne pas connaître toute l'existence, vouée cependant pendant bien des siècles aux aumônes et aux prières. Ce que vous avez avancé établirait sans doute suffisamment que l'étymologie de Castelsarrasin peut venir des souvenirs que vous invoquez ; mais il vous resterait toujours à prouver que ce château n'a point porté antérieurement le nom de *Cerrucium* ou *Serrucium* que lui attribuent des probabilités contraires.

Pour nous, l'acte de 847 démontre surtout combien il est facile de jeter de la confusion dans l'histoire par la semence d'une première erreur. Cette erreur sera d'autant plus à craindre qu'elle sera produite par une autorité respectable. Alors on se croira dispensé d'examiner, de discuter ; on se contentera de citer en s'abritant derrière le maître.

La première fois que nous lûmes la charte d'Astanove, assez incorrectement extraite du cartulaire de Moissac, nos convictions, sans être ébranlées, furent telles, que nous tînmes longtemps le texte sous nos yeux, l'examinant, l'interrogeant, le sondant en quelque sorte. Il nous semblait que de l'acte même allait sortir un témoignage contraire aux inductions qu'on voulait en tirer ou bien la preuve de son altération, quelque chose enfin de clair et de décisif, qui dût entraîner les doutes en s'accordant avec la tradition et les faits nombreux qui contredisent l'opinion de dom Vaissette. Après avoir lu et relu, une particularité nous frappa : c'est que l'acte nous parut alors et nous semble encore renfermer des indications et des précisions telles, qu'il serait impossible de confondre, même sur son témoignage, Castelsarrasin avec *Castrum Cerrucium*.

En effet, suivons attentivement le mauvais latin de la charte : *Ut pius Redemptor me à meis absolvat vinculis delictorum, cedo ego Astanovus...... castrum quod Cerrucium vocatur, et est situm in pago Tolosano, super fluvium Garonæ, in vicaria Garonense quæ sub diurnali ejus plaga australi, ubi ipsum monasterium constructum donamus, cui nomen imponimus Bonæ Vallis et in honorem Dei et sancti Petri et Pauli et sancti Aviti, etc.....*

Je ne fais pour le moment attention qu'à ces mots : *Super fluvium Garonæ, in vicaria Garonense, quæ sub diurnali ejus plaga australi*, et je les traduis ainsi : Sur le fleuve de la Garonne, dans la viguerie garonnaise, à l'aspect du levant et sur la rive méridionale.

Ainsi se trouve remarquablement précisée la situation des lieux. Pour tant d'obscurité que puisse renfermer le texte, ces deux mots : *plaga australi* ne sauraient vouloir dire autre chose que la rive méridionale de la Garonne ; et à quelque membre de phrase qu'on en fasse l'application, qu'il s'agisse de la viguerie, du monastère ou du château, ces expressions unies et inséparables voudront toujours dire que ce lieu était situé sur la rive du midi. Or, cette rive méridionale pour Castelsarrasin et pour ce qui lui fait face, c'est la rive gauche du fleuve. Cela n'est pas contestable. Donc, *Cerrucium* n'a pu être Castelsarrasin, qui est sur la rive droite ou septentrionale.

Si notre interprétation de l'acte de 847 est exacte, ce dont nous laissons juges ceux qui voudront bien nous lire, il est évident que rien en dehors ou à côté de ce que nous avançons ne serait plus décisif. Nous pourrions donc nous arrêter là dans l'énonciation de nos preuves ; mais le respect que nous éprouvons pour nos contradicteurs, nous recommande de ne négliger devant leur autorité aucun des moyens capables d'appuyer nos conclusions. Il nous reste ainsi encore quelque chose à dire sur cette étymologie.

Tout le monde sait l'opiniâtreté avec laquelle les premiers

chrétiens défendirent leurs patrons. Dans le IX° siècle principalement, la possession des corps saints devint l'objet des disputes
les plus acharnées. Les châsses précieuses qui les renfermaient,
étaient l'arche sainte qui faisait gagner les batailles, et obtenait
du Ciel les faveurs les plus précieuses. On conçoit par là le
caractère sacré dont furent d'abord revêtus les patrons et les
vocables des paroisses. Aujourd'hui même, dans ces temps froids
et presque indifférents, on trouverait difficilement une population
disposée à se laisser ravir le patronat ou le vocable de son église.
Or, Saint-Sauveur est le vocable de l'église de l'ancien prieuré
de Castelsarrasin. Ce vocable, dont l'ancienneté s'atteste par lui-
même, remonte, sans nul doute, aux premiers temps du chris-
tianisme et n'a jamais cessé d'être l'objet d'un dévouement filial
de la part de ceux qui l'ont adopté. Il nous est impossible
d'admettre que le précieux vocable de l'église de Castelsarrasin
ait jamais changé, car ces traditions presque surhumaines sont
inviolables en tous lieux. « Qui pourrait en douter, dit quelque
part, à propos de traditions semblables, un moderne dont l'autorité est si imposante, qui ne voit qu'un peuple, surtout quand
il s'agit de sa religion, a une mémoire plus sûre que celle de
l'homme, et que l'âge, au lieu de l'altérer, la renouvelle sans
cesse (1) ? »

Si Bonneval, contre toutes ces présomptions, était devenu Saint-
Sauveur, à coup sûr trouverait-on dans cette église un reste,
une trace, si petite qu'elle pût être, de ces patrons populaires qui
lui avaient été donnés à sa naissance. Eh bien ! non : les noms
de saint Pierre, de saint Paul et de saint Avit ne se retrouvent
même pas dans les dévotions les moins particulières de l'église de
Castelsarrasin. Il n'y a jamais eu, que nous sachions, ni chapelle
ni confrérie en l'honneur d'un de ces saints ; ils n'y sont honorés

---

(1) H. Lacordaire, *Histoire de sainte Madeleine*, p. 148. — Paris, veuve Poussiel-
gue, libr.

ni collectivement ni individuellement. Après sa dévotion au Sauveur, les plus grand honneurs de cette église ont été rendus à un collaborateur de saint Martial, apôtre primitif des Gaules, à saint Alpinien, qui est le patron de la paroisse et de la ville. On trouve dans l'église Saint-Sauveur les chapelles de saint Joseph, de saint Roch, de sainte Anne, de sainte Libérate, de la Très-Sainte-Vierge. Il existe une seconde église dans la ville dédiée à saint Jean-Baptiste, et la tradition nous conserve encore dans les environs dépendant de l'ancienne châtellenie de Castelsarrasin, le souvenir ou le culte de saint Médard, saint Germain, saint Martin, saint André. Mais d'honneurs particuliers rendus à saint Pierre, saint Paul ou saint Avit, patrons de Bonneval, il n'existe à Castelsarrasin ni dans les environs, nous le répétons, absolument aucune trace, aucun souvenir.

Le nom du donateur révélé dans l'acte de 847, ce nom d'Astanovus ou Astanova, se retrouve-t-il du moins parmi les noms des seigneurs dominant sur la rive droite ou septentrionale de la Garonne où est bâti Castelsarrasin? « Il est aisé de remarquer, dit dom Vaissette, que, sous la seconde race et bien avant dans la troisième, les noms se perpétuaient dans les familles. Cet usage peut servir à connaître la descendance et la succession des divers seigneurs, surtout lorsqu'il se trouve appuyé d'autres circonstances. »

Le nom d'Astanova, dont la première syllabe s'aspire, appartient évidemment au dialecte roman de la rive gauche, plus accentué que l'idiome de la rive droite. Ce nom se retrouve, en effet, dans les familles nobles de la Gascogne, maîtresses de la partie de cette province qui avoisinait la Garonne. La vicomté de Lomagne, dépendant de l'Armagnac au IXᵉ siècle, faisait face à Castelsarrasin sur la rive opposée, et n'était séparée de cette dernière châtellenie que par le fleuve. On trouve un comte d'Armagnac du nom d'Astanova, bienfaiteur de l'église d'Auch, en 1060 (1). Ce nom

(1) *Histoire de Languedoc* annotée, t. III, p. 131. Il est remarquable que nous

était, si ordinaire dans cette maison, que son représentant à la croisade de 1097 est désigné sous le titre d'Astanova VII. En cherchant Astanove Ier ou Astanove II, on remonterait probablement à la charte de 847. C'est dans les dépendances de l'ancienne Lomagne appartenant à ces comtes d'Armagnac, qu'on entend communément des appellations ayant la même racine que le nom du donateur de *Cerrucium*, Astramiac, Astruc, Astafort.

Nous croyons donc qu'on ne doit pas attribuer à Castelsarrasin l'acte de 847, rapporté par dom Vaissette; et si, après tout ce que nous venons d'écrire, nos contradicteurs exigaient encore que nous leur fissions connaître ce qu'ont pu devenir et *Cerrucium* et *Bona Vallis,* nous serions très-portés à nous taire, car nous avons été déjà bien longs et nous craignons que nos lecteurs, même les plus bienveillants, refusent de nous suivre plus loin. Hasardons cependant à cet égard nos conjectures, et donnons cette dernière satisfaction à la persistance de ceux qui resteraient malgré tout dans une opinion contraire.

Il existait autrefois et il existe encore, en regard de la ville de Castelsarrasin, sur la rive gauche de la Garonne, *sub plaga australi ,* dans l'ancien Toulousain et la viguerie garonnaise, le bourg, anciennement château, de Castelferrus, *Castrum ferrucium.* Ce château fut, d'après dom Vaissette lui-même, au IXe siècle et à une époque tout-à-fait contemporaine de la charte de 847, une villa ou maison royale possédée et visitée par les Carolingiens. C'est de *Ferrucium* que Charles-le-Chauve, au moment d'assiéger Toulouse, a daté deux de ses chartes (1). Tel serait donc

<hr>

n'avons trouvé que dans les possessions des comtes d'Armagnac, comme vicomtes de Lomagne et dans les environs de Lectoure, le vocable de saint Avit, attribué par notre Astanove au monastère de Bonneval.

(1) Ces chartes sont des 29 et 30 avril 813. La situation de Castelferrus, dit dom Vaissette, est des plus belles et des plus propres pour une maison royale. — *Histoire de Languedoc,* t. II, p. 245.

M. Devals, dans ses études sur les voies antiques de Tarn-et-Garonne, écrit, à propos

le château que le compétiteur de ce même Charles, Pépin, qui fut aussi roi d'Aquitaine, aurait donné à Astanove et que celui-ci aurait cédé à l'abbaye de Moissac. Cela devient très-probable, à moins qu'on ne puisse admettre que, dans ces laborieuses copies d'actes presque illisibles et accusés si souvent d'inexactitude par ceux même qui nous les ont transmis, un F n'ait pas pu être pris par un reproducteur mal habile pour un S ou pour un C.

Les possessions de l'abbaye de Moissac s'étendaient sur l'une et l'autre rive de la Garonne. A une très-faible distance (un kilomètre à peine) de Castelferrus existait encore, en 1789, le monastère des religieuses de Saint-Aignan, anciennement Braguayrac. Ce monastère, dont la première origine se perd dans la nuit des temps, fut dans le XII⁰ siècle affilié par Robert d'Arbrissel à l'ordre de Fontevrault. Détruit plus tard et dans le XV⁰ siècle, soit par les Anglais, soit par les bandes d'aventuriers qui dévastaient le pays, il fut relevé de ses ruines au profit des Lazaristes, et finit par rentrer dans la possession des dames de Fontevrault, qui l'occupèrent jusqu'à la suppression des ordres. Les religieuses de Saint-Aignan percevaient la dîme dans Castelferrus et y exerçaient même certains droits seigneuriaux. C'est là peut-être que Robert d'Arbrissel et ses disciples avaient aperçu les ruines de Bonneval, balayé par les pirates normands qui remontaient le fleuve dans les IX⁰ et X⁰ siècles. Ces souvenirs purent consacrer la nouvelle fondation.

de l'étymologie que nous recherchons : « Quant au nom de *Castrum Cerrucium*, qu'on ne trouve que dans la donation d'Astanova, loin d'être la véritable étymologie de Castelsarrasin, ne désignerait-il pas plutôt le village de Castelferrus, également situé dans le Toulousain et sur la Garonne, et de plus résidence royale sous la dynastie Carolingienne, — et la métamorphose du F en C ne s'expliquerait-elle pas tout naturellement par une erreur du scribe ou du copiste. »

Le travail que je publie était fait bien antérieurement à l'époque où j'ai connu celui de M. Devals. Je n'en suis pas moins heureux de rencontrer ses conjectures si parfaitement d'accord avec mes preuves. (Voir le *Courrier de Tarn-et-Garonne*, n⁰ du 27 novembre 1864.)

Nous laisserons maintenant à ceux qui auront bien voulu nous lire, le soin de décider de quel côté se trouve la vérité historique, ou tout au moins la probabilité entre nous qui faisons dériver le nom de Castelsarrasin des souvenirs de l'invasion sarrasine, et ceux qui, sur le témoignage de dom Vaissette, prétendent que Castelsarrasin s'est corrompu de *Castrum Cerrucium*, et que Saint-Sauveur vient de Bonneval.

J'aurais voulu borner à ces observations ma critique du travail publié sur Castelsarrasin par l'honorable secrétaire de la Société archéologique du Midi. Comment, cependant, laisser s'accréditer des assertions hasardées, des erreurs même palpables sur notre histoire locale, qui mériterait des égards si elle n'avait aussi ses droits. Que l'auteur de la monographie de Castelsarrasin n'accuse pas mes intentions; il verra lui-même, je n'en doute pas, combien étaient légers les renseignements qui ont égaré ses recherches, entreprises avec un peu trop de hâte.

L'historien de Castelsarrasin n'a trouvé que peu de faits se rattachant aux annales de cette ville dignes d'être racontés. Les archives communales sont pauvres et tristes, dit-il ; elles lui ont paru peu intéressantes. Nous aurions trop à dire sur ce que cet érudit n'a pas aperçu. Occupons-nous seulement des dix ou douze faits qu'il a cru devoir remettre en lumière et qui, d'après lui, sembleraient constituer toute l'existence historique de la ville.

« En 1298 (jusqu'alors un silence de mort pèse sur cette
« localité ignorée), le roi Philippe-le-Hardi investit, par lettres
« patentes, les consuls de Castelsarrasin du titre de patrons
« de l'Hôpital de la porte Tolosane. Cette porte, ajoute notre
« historien, était à côté du collége actuel, qui était occupé avant
« la révolution de 93 par des religieuses Ursulines (1). »

Cette dernière assertion est erronée : les religieuses Ursu-

<hr>

(1) Voir le travail de M. Carrière, p. 120.

lines n'ont jamais occupé l'ancien hôpital Saint-Louis ou de la porte Toulousaine. C'étaient des Dominicaines qui s'y établirent quelque temps après qu'une ordonnance de François II eut prononcé la réunion des quatre hôpitaux qui existaient encore séparément à Castelsarrasin en 1560. Alors l'hôpital Saint-Louis ou de la porte Toulousaine s'étant annexé à l'hôpital de Notre-Dame-d'Alem, ses anciens bâtiments furent acquis et occupés par les Dominicaines de la règle de Sainte-Catherine, qui y demeurèrent jusqu'au décret de la Convention qui abolit l'ordre (1).

« 1323. — Cette année-là seulement, il est fait mention des « Templiers. »

Nous ne ferons pas l'injure à l'historien de Castelsarrasin de croire qu'il entend par sa citation constater l'établissement ou l'installation des Templiers dans cette ville. Il sait très-bien que l'ordre était alors aboli en France depuis plus de dix ans. Mais l'acte auquel il fait allusion est une pièce rare et précieuse qui méritait bien une mention particulière. Son titre en révèle toute l'importance : « Lettres contenant les commissions pour s'emparer et régir les biens des Templiers, ensemble les frais qu'il fallut faire dans la prise de possession. Etat des dettes actives et passives desdits Templiers dans les provinces de Guienne, Languedoc et Gascogne. »

« Un acte de fondation de chapelle par *Durand Fredi* est laco-
« niquement mentionné sous la date de 1341. »

C'est *Fredoli* et non *Fredi* qu'il faudrait lire, en ajoutant que Fredoli, avant d'être évêque de Portugal ou plutôt de Porto, avait été abbé de Moissac et antérieurement encore prieur de Saint-Sauveur de Castelsarrasin. Cela seul pouvait intéresser dans la monographie de cette ville (2).

(1) Archives de l'hospice de Castelsarrasin.

(2) Volume sur Moissac, 128 et suivants, *Fonds Doat*. Fredoli était de la maison de Lautrec et frère de Philippe, vicomte de Lautrec. Fredoli fut d'abord moine de Moissac,

On lit ensuite dans la monographie : « 1348. Autre acte
« (il y en avait eu un premier de la deuxième construction des
« tours et forteresses de la ville) donné à Moissac par Jean FILZ,
« lieutenant du roi de France et de Guyenne, comte de Poitou,
« d'Anjou et du Maine, délivré à M. Verdier, ancien lieute-
« nant. »

Il y a là une légère faute à mettre évidemment sur le compte
du typographe. C'est donné à Moissac par Jean, fils et lieutenant
du roi, qu'il faut lire ; fils ou enfant indique la filiation et non le
nom. Notre observation serait puérile si elle ne rappelait qu'un
copiste du Moyen-Age a pu très-bien prendre dans un texte illi-
sible *Serrucium* pour *Ferrucium*.

« 1364. Cet acte, dit notre auteur, est le premier qui men-
« tionne l'hôpital des Arens. Cet hôpital, est-il ajouté, était dans
« les bâtiments qu'occupe aujourd'hui la sous-préfecture. »

Ces précisions sont aussi inexactes que les précédentes. Les
bâtiments de la sous-préfecture n'ont jamais servi d'hôpital :
d'une date presque moderne, avant de devenir une propriété
communale, ils appartenaient aux religieuses Ursulines, que l'on
plaçait à tort à l'autre extrémité de la ville. Les Ursulines vin-
rent s'établir à Castelsarrasin en 1642, et elles y étaient encore
en 1739. Elles étaient venues de Montauban, chassées par les
troubles religieux qui agitèrent si longtemps cette ville (1).

L'historien de Castelsarrasin s'arrête un instant, dans le cours
du XVᵉ siècle, sur un devis des réparations à faire à l'église

---

puis prieur de Castelsarrasin et ensuite abbé de Moissac. Il assista au contrat de ma-
riage de Philippe, son frère (18 juillet 1304), avec Marquesa de Lomagne, fille d'Ar-
naud de Lomagne, baron de Gimat. — *Histoire de Languedoc*, t. VI, p. 366.

(1) 14 décembre 1642. La communauté (de Castelsarrasin) arrête que les dames religieuses de Sainte-Ursule de Montauban seront reçues en la présente ville (Castelsarrasin), dans laquelle elles pourront prendre place, à leurs dépens, à la condition expresse
de ne pouvoir jamais rien prétendre et demander à la communauté et d'instruire à la
vertu les filles de la ville, leur apprendre à prier Dieu, coudre, lire et écrire.

Archives de Castelsarrasin. — Délibération, 1642, livre terrier.

Saint-Sauveur (1414); il franchit ensuite un siècle et demi pour nous raconter l'épisode du siége soutenu par cette ville contre les huguenots en 1568, et il termine ses aperçus en nous narrant la retraite du parlement de Toulouse et son séjour à Castelsarrasin en 1595.

Nous n'aurions rien à dire sur ces évènements qui font l'objet des deuxième et troisième parties du travail du secrétaire de la Société archéologique du Midi, et dont l'un a été compendieusement décrit, il y a déjà quelques années, devant l'Académie des sciences de Toulouse, si l'on n'avait cru devoir rappeler ce froid chroniqueur dont la triste carrière s'oubliait en le qualifiant de député de Tarn-et-Garonne. Certes, l'auteur de la brochure sur le séjour du parlement à Castelsarrasin n'a jamais été député de Tarn-et-Garonne. Cet honneur n'appartient pas à sa mémoire.

La ville de Castelsarrasin, on le voit, ne doit pas des remerciements à l'historien qui a bien voulu s'occuper de ses annales. Voyons, du moins, si ses monuments auront été appréciés avec plus d'exactitude. C'est l'objet de la quatrième partie de la monographie de cette ville.

« Une tradition orale, dit-on, fait remonter la construction
« de la petite église de Saint-Jean de Castelsarrasin aux Tem-
« pliers. »

Il y a dans cette assertion une erreur grave et qui mérite d'être relevée.

Les possessions de l'ordre des Templiers s'étendaient principalement dans la haute plaine qui, à l'est et au nord de Castelsarrasin, va s'inclinant vers le bassin du Tarn. Leur principal siége était Lavilledieu, qui donnait son nom à leur commanderie (1). Ces possessions ne se rapprochaient pas de la Garonne : elles ne doivent pas être confondues avec celles de l'ordre des

(1) Ils s'établirent à Lavilledieu en 1154, en vertu de la donation que leur fit Adélaïde de Toulvieu. Les premiers chevaliers connus furent Dieudonné, Hugues, Gautier et Bernard de Caux. Ils étendirent bientôt leurs possessions sur toute la rive gauche du

hospitaliers de Saint-Jean-de-Jérusalem, dont une commanderie avait son siége à Castelsarrasin même. C'est l'ordre de Saint-Jean qui, depuis le XII° siècle, a constamment possédé jusqu'en 1789 le terrain sur lequel se trouve l'église de Saint-Jean, et qui a fait bâtir cette église qui n'était que la chapelle de son prieuré. L'erreur était facile à éviter en pensant au vocable sous lequel elle est connue et en présence d'une construction dont la date est postérieure à la suppression des Templiers.

« L'ancien château, résidence des gouverneurs, partait à peu
« près de là (de l'église Saint-Jean, extrémité nord-ouest de la
« ville), et, déroulant sa façade tout le long de la rue qui passe
« devant les halles (centre de la ville), il occupait tout l'espace
« qui s'étend jusqu'à la place Saint-Sauveur (extrémité sud de
« la ville). Il a été démoli, dépecé, et de bons et paisibles bour-
« geois occupent aujourd'hui la place où commandait jadis le
« gouverneur de la citadelle et où veillait la garnison chargée de
« la défendre. Il ne reste de ce monument que quelques débris
« de voûte utilisés par les nouveaux propriétaires et quatre jolies
« fenêtres des premières années du XVI° siècle. »

Les archives communales renferment une description du château de Castelsarrasin qui s'éloigne assez de celle dont nous venons de donner un extrait. Mais comment a-t-on pu penser, ayant visité les lieux, que ce vieux château féodal ait pu se dérouler le long des rues et dans toute l'étendue presque d'une ville que beaucoup croient avoir pris de sa configuration le nom de Villelongue? Nul cependant n'est mieux renseigné que l'auteur de la monographie de Castelsarrasin sur la forme, sur les dispositions et sur tout le système des forteresses du Moyen-Age. Le château de Castelsarrasin occupait un parallélogramme ou carré

Tarn, depuis Lagarde jusqu'à La Bastide, appelée, depuis leur domination, la Bastide-du-Temple.

(Voir les Études de M. Devals sur les voies antiques de Tarn-et-Garonne. (*Courrier de Tarn-et-Garonne*, 6 novembre 1862.)

d'environ cent mètres sur quatre-vingts de côté, formant aujour-
d'hui la principale promenade dite du Château, en souvenir des
constructions qu'elle a remplacées (1). Son enceinte était séparée de la ville par des fossés larges et profonds et par des
ouvrages extérieurs : ravelins, bastions, pont-levis. C'était une
véritable citadelle, rendue ainsi indépendante et commandant la
cité, qui avait elle aussi ses moyens de défense particuliers. La tour
principale du château passait pour la plus belle et la plus haute de
la sénéchaussée de Toulouse. On sait que la hauteur des tours
était toujours proportionnée à la puissance et à la noblesse de
la seigneurie. *Intra dictam villam de Castro Sarraceno*, dit le
mauvais latin de la description que nous citons, *ab unâ parte
dicti loci est castrum, situatum separatim villâ, magnis muris
et valatibus circumdatum. In quoquidem castro sunt sex turres
magnæ. Super portam intrantem dicti castri est una magna turris
altiora et pulchriora totius senesechaliœ Tolosanœ, cum barbacanâ
muro circumdatâ et bono ponte levando*, etc.

Au centre de l'enceinte était une autre belle et antique tour
carrée. C'était le donjon primitif, vieux témoin de la naissance
du château et servant de logement au châtelain qui veillait sur
le pays. Les comtes de Toulouse y réunissaient leur matériel de
guerre et s'y transportaient de leur personne, suivant les be-
soins. C'est là qu'en 1162 Raymond V reçut et traita les
riches seigneurs d'Angleterre de la suite de Henri II. Les forêts
de Courbieu, de Gandalou, de Saint-Porquier, de Montech,
débris imposants de l'antique forêt d'Agre, l'entouraient avec la

---

(1) Le château de Castelsarrasin dut subir plusieurs modifications successives ; mais
sa place fut toujours à l'endroit que nous indiquons. L'enceinte fortifiée et les fossés
ont disparu vers la fin du XVe siècle. Le donjon a été démoli seulement dans le
XVIIe. Avant sa construction, qui remontait au XIe ou XIIe siècle, la place était occupée
vraisemblablement par d'autres fortifications plus anciennes. Il y a toujours eu sur ce point
frontière, même sous les Romains, un *Castrum* et des retranchements fortifiés.

(Voir ce que dit M. de Caumont sur la multiplicité des châteaux des Romains, *Abécéd.
Arch.*, p. 302.)

Garonne de toute part et en faisaient non-seulement un retranchement contre l'ennemi, mais aussi un rendez-vous fréquent de chasses et de plaisirs (1).

Il est parfaitement inexact que les maisons qui donnent sur les halles, et où se trouvent les jolies fenêtres décrites par l'historien de Castelsarrasin, aient jamais appartenu au château. Il y avait entre ces diverses constructions les fossés et les travaux fortifiés dont nous avons parlé et en plus une portion de la ville.

Il ne restait à M. l'abbé Carrière qu'à apprécier l'église Saint-Sauveur, principal monument de Castelsarrasin. C'est ce qu'il fait à la fin de sa monographie, en laissant regretter encore que l'histoire de ce prieuré soit si complètement passée sous silence. Cependant l'église-prieuré de Saint-Sauveur a une importance justifiée par le rôle qu'elle a joué dans le Moyen-Age. Ses prieurs assistaient aux principaux actes politiques de la province, prenaient part aux élections des abbés de Moissac dont ils relevaient, sous la règle de Saint-Benoît, et atteignaient assez souvent eux-mêmes à l'abbatiat. Ils percevaient les dîmes, des redevances et quelques droits seigneuriaux dans presque toute l'étendue de la châtellenie. Les constructions du couvent, originairement établies pour renfermer 80 religieux, étaient imposantes et probablement en rapport avec la richesse et l'étendue de ses possessions. Quoique relevant hiérarchiquement de l'abbaye de Moissac, ce prieuré conventuel avait son administration particulière et indépendante quant aux revenus, qui étaient considérables. Sa prospérité se maintint tant que put durer le rôle historique des ordres monastiques. Mais, dans le XVe siècle, le

(1) Ce n'est pas seulement sous ses comtes que Castelsarrasin a entretenu avec Toulouse de bonnes relations. C'est le culte d'une affection réciproque entre ces villes qui détermina le parlement à se réfugier à Castelsarrasin en 1593. Dans le dernier siècle, les principaux bourgeois de cette ville avaient maison à Toulouse et s'y faisaient inscrire à la capitation. C'est ainsi que les d'Espagne, les Carquet, les Carrère et d'autres y furent capitouls, sans perdre leur domicile à Castelsarrasin.

prieuré de Saint-Sauveur perdit tout-à-coup avec son importance son existence distincte. La malice des temps, *malitia temporum*, dit la chronique, l'avait réduit aux extrémités les plus grandes, ni plus ni moins, du reste, que la riche abbaye dont il relevait. Par lettre du 17 mars 1421, l'abbé de Cluny, chef de l'ordre, autorisa son union à la mense de l'abbaye de Moissac. Il n'y avait alors, dans le prieuré de Saint-Sauveur, que trois religieux, y compris le prieur. Leurs droits furent réservés, leur vie durant, et l'union définitive eut lieu le 20 avril 1424. A partir d'alors, le prieuré fut confondu pour l'administration et le revenu avec l'abbaye mère. Le titre particulier fut cependant conservé jusqu'à la suppression des ordres. Il n'est pas douteux que l'église de Saint-Sauveur ne soit une partie des constructions de l'ancien prieuré, et c'est le seul monument qui nous rappelle les Bénédictins de Castelsarrasin. Le cloître, l'hôtel du prieur et les autres bâtiments accessoires ont entièrement disparu.

L'église Saint-Sauveur est décrite par M. l'abbé Carrière avec le charme et la complaisance d'une plume exercée. Nous n'avons qu'à applaudir à tout ce qu'il dit sur la valeur artistique du vieux monument. Pour si peu de prix qu'aient nos éloges, qu'il nous permette, même après la sévérité obligée de nos critiques, de le remercier d'avoir éveillé tant de sympathies en faveur de notre basilique. Pourquoi, cependant, désapprouver si complètement le projet de restauration de cet édifice? pourquoi ne voir dans ces réparations qu'une mesure désastreuse et qu'un désolant spectacle? La tour, la tour tant aimée (expression de M. l'abbé Carrière), sera reconstruite telle qu'elle était : avec son style, ses proportions, son caractère. C'est tout ce qu'on pouvait faire, même en faveur de l'antiquaire, dont nous connaissons le *noluit consolari!* Mais ici le temps seul amène la cruelle nécessité de restaurer. On ne détruit que pour mieux conserver. Les habitants de Castelsarrasin, si dévoués à leur église, ne sont pas des architectes en ruines. Leur nom est un signe d'illustration et non de barbarie. Ils pensent simplement que s'il est beau de plaider la cause de l'art et des souvenirs quand même, il ne conviendrait pas que leurs sympathies pour une si noble cause allassent jusqu'à laisser crouler sur leurs têtes des pans de mur sans à-plomb et sans solidité. Nous aussi, à qui cependant les larmes sur les ruines sont chères, serions forcés de blâmer de tels excès de passion archéologique! Ayons l'enthousiasme et le culte du passé, mais aimons par dessus tout la vérité, la vérité dans les choses de l'art, la vérité dans l'histoire.

Louis TAUPIAC.

P.-S. — Ce Mémoire, adressé à la Société archéologique de Tarn-et-Garonne, a été lu dans la séance d'avril.

Depuis qu'il a été écrit, la démolition de l'église Saint-Sauveur s'est accomplie dans des proportions bien au-delà de nos prévisions. La tour, la belle tour romane, est détruite et a disparu, dit-on, pour toujours; sa reconstruction deviendrait impossible. Il serait donc bien vrai que nos architectes officiels auraient ainsi justifié tous les regrets et tous les reproches des archéologues. Nous espérons que la ville de Castelsarrasin, qui s'est déjà si vivement émue en faveur de son église, ne négligera rien pour résoudre un cas grave, non sans doute irrémédiable. Mais nous ferions encore des vœux pour que l'attention de notre jeune Société archéologique départementale se fixât sur les embarras de cette reconstruction. Ce serait un beau début pour son zèle, et les antiquaires qui la composent s'éviteraient la douleur de voir dater presque de l'ouverture de leur mission, si heureusement inaugurée, la disparition de l'un des plus intéressants monuments de notre architecture religieuse.